뭉클

황숙자 시집

문학의전당 시인선
241

뭉클

황숙자 시집

문학의전당

시인의 말

흘러가는 것에 뭉클, 한다.

한번 울다 가는 바람인 것을
잠시 잊었다.

내 그림과 시의 발원
그리운 그림이 가고
사무치는 시가 남았다.

겨울 햇살이 말갛고 쨍하다.
내 삶이 늘 이만큼만
울컥, 했으면 좋겠다.

2016년 12월 우림산방 남창 아래
황숙자

차례

시인의 말

제1부

스물아홉 살의 방 13
달아 연가 14
화실 일기 1 16
화실 일기 2 17
화실 일기 3 18
아, 박생광 19
벚꽃 20
혼몽 22
땡볕 23
새는 다 어디로 갔는가 24
숨는 꽃 26
폭우 27
바람의 허리를 잡고 흔들리다 28
뭉클 30
우리 시대의 사랑 31
눈사람에게 묻다 32

제2부

지극한 남루 35
그리운 날의 일 36
너머 38
그 강을 건너지 마오 39
다시, 하롱베이 40
바다 42
글 몸살 44
뒤벼리 45
소망을 향한 시 46
스승 48
새벽 강 49
상황 50
칭다오 바다 52
일침 53
산나리 54
매화를 기다리다 55
혼자의 길 56

제3부

고향 서정　59
겨울, 섬진강　60
지리산 편지　61
부르하통하 강　62
화투　64
늙어서 좋은 것은 호박뿐이라 전해라　66
섬진강 재첩　67
백두산을 오르다　68
남강 유등　70
구절초 꽃필 무렵　71
숭선의 밤　72
군기　74
장마　75
그해 봄　76

제4부

가시　79
여름날은 간다　80
갈망　82
겨울 꽃　83
관음에 대하여　84
카카오스토리　85
병원에서 온 전화　86
나는 나　88
용정사설　89
모서리論　90
봄밤　91
무게에 대하여　92
우는 여자 도라마나　94
취생몽사　95

해설 | 지극한 뭉클에 바침　97
　　　고영(시인)

제1부

스물아홉 살의 방
―습작

가볍게 살 것
비망록 첫머리에 적는다
좋은 것이 없어
그저 모든 게 시들할 뿐인
앙금만 남은 쓸쓸함
닫힌 방안에서
슬픔이 수시로 간음한다
망쳐지지 않고는 더 이상 버틸 수가 없다
이렇게 살 수도 저렇게 죽을 수도 없을 때
서른은 된다고 했는데
자학하는 슬픔이 다시 고문을 시작하는
한 세대의 그리운 마침표
그것뿐인 행간의 사랑
쓸데없는 짐이나
인연은 만들지 말 것
시간의 흐름을 용서할 일이다

달아 연가

바다도 옛날 그 바다가 아니다

달아공원 언덕에 앉아

먼 데 섬들을 하나씩 불러 그림을 그리는데

한산도 연화도 사량도 매물도

이름이 되지 못하는 섬들도 있는가

바람의 말씀 따라 스케치 여행을 하던

긴 머리 소녀 청춘의 한때는

끝내 가고 말았구나

화구 박스에 굳어버린 푸른 그리움이

동백꽃 매화꽃에 늦은 안부를 묻고

꽃핀 눈박이 사발처럼

봄볕에 몸을 누인 섬들이 문득 반갑다

짧은 재회의 기억이

아슴아슴 애타는 저녁노을로 젖어들어

끝내 다 그리지 못하고 붓을 놓아버리는,

사람도 옛날 그 사람이 아니다

화실 일기 1

들국화와 찔레꽃이 미쳐 흐드러져
지천으로 피었는데
마음이 당산목 천 조각으로 휘날려
심란해서 혼자 흑흑 우는 날에는
술이라도 한잔 마시고
꽃그늘 아래 숨어드는데
고독한 내 처녀 시절과
배고픈 어머니의 젊은 서절
함께 손 붙잡고 취기 있게 일렁일렁하여
어쩌면 고달픈 우리 모녀
꽃 같은 세월도 있어
보릿고개 찔레순 꺾어 먹던
그런 기억 말고
피 터진 무르팍에 쑥대랑 찧어 붙인
그런 기억도 말고
하얗게 피어 단장한 눈부신 화폭에서
슬기운 말고 꽃이면 꽃 그대로
아름다운 날 있을까

화실 일기 2

가문가문 눈에 띄는 검은 머리 터럭 마른 솔가비처럼 바짝 야윈 몸이 붓 쥔 손을 떨게 한다 지긋한 눈길에 배여 흐르는 감당 못할 사랑 못난 배냇짓하는 적령의 딸을 두고 애를 태우시는 그 짓이 미워서 한사코 마다시더니 행여 덜된 딸이 힘들세라 정물처럼 앉아 계시는 빈 꽃대궁 같은 어머니 향기 좋은 꽃이파리들은 어디로 다 날려 보냈을까 꽃 같은 어머니의 젊음은 어디로 사라졌을까 하얀 모시옷에 덧칠은 죄스러워 문득 불효다 싶어 가슴에 먹물을 쏟는다 아, 소망처럼 간절하게 그려내고 싶은 어머니의 사랑 그 속의 한(恨) 보이는 것이 전부가 아니다, 화판 가득 눈물로 피어나시는 서러운 어머니, 어머니

화실 일기 3

우물처럼 깊은 숲속
조용히 뻗어나간 잔가지들이
제멋대로 선을 긋는다

얼마나 오랜 시간이 스며들었을까
아직도 깨고 싶지 않은
퍼렇게 이끼가 되어 자라는 골짜기

산 그림자 속으로 조금씩 지워지는 기억
속 시원히 한번 울어보지도 못하고
어둔 골짜기에서 홀로 먹물로 번진다
언제나 여백이다

아, 박생광

앞마당에 심은 붉은 모란
꽃 지고 난 뒤 씨앗 맺히듯이
그림이 상처를 위로하는 기막힌 접신

적·청·황·록·백
조선의 핏줄 속 흐르는 것들
절대적 오방의 힘으로
한풀이 한번 무시무시하게 강렬하다

내고 박생광
고색 누각의 단청에
그대로 부처가 되어버린 사람

끝내 검은 모란으로 피어난다

---

*그대로, 내고: 박생광의 호.

벚꽃

비가 오고 난 뒤 고층 아파트 담장 따라
벚나무가 안개 속에 뿌옇게 가라앉아 있다

그 아래 간간이 흩어지는 얼굴들
그림자도 없이 사라져 가고 있다

마치 딴 세상 사람들 같다
이승과는 아무 상관없는 사람들 같다
이렇게 우리는 이 세상에서 저 세상으로
건너가고 있는 중인지 모른다
한 발짝 한 발짝 각자 자신의 얼굴을 숨기고
등을 보이면서 어딘가로 흘러가고 있다

저 뿌연 안개 속
한 번도 걸어보지 못한 길
오래된 흑백사진을 볼 때처럼 아득하다

사진 속의 얼굴처럼

조금씩 풍화되어 지워진 사람들이
아득한 어둠의 대문을 하나씩 열면서 걸어가고 있다
영원한 찰나로 빛났으면 생각했던 얼굴들

꽃이 아닌 것처럼
꽃이 아니었던 것처럼

혼몽

심야버스를 타고 집으로 간다
흔들리는 어깨가 빗방울처럼 위태롭다
쉽게 틈을 보이지 않는 낭자한 어둠
달맞이꽃처럼 환하게 피어나서
저 혼자 깨어 있는 시간
가슴에 눈물 같은 별이 뜬다
캄캄하다는 것은
이렇게 목젖이 가라앉는 것처럼 묵직한 것인지
평생 깨고 싶지 않은 난만의 꿈
캄캄한 뒷전이 여전히 아프다

땡볕

자유시장 과일 트럭 한쪽 귀퉁이 한실 할매 세월을 팔고 있다
물러터진 순한 감자 같은 얼굴

놀믄 뭐하끼고 죽으믄 썩을 몸뚱이
장에 나오믄 사람 귀경도 하고 용돈이나 할라고 그라제
차비 빼고 다믄 천 원이라도 남으믄 괘안타

혼자 하는 할매의 셈법

보따리 위 널린 상추에 연신 물을 뿌린다
할매 주름살처럼 시나브로 시들어가는 상추는 영 소생 기미가 없다

깔고 앉은 손바닥만 한 그늘 한 움큼
하루해가 길다

새는 다 어디로 갔는가

지난밤 내내 귀뚜라미가 울고 지나간 뒤

침대 베갯머리에 머리카락이 수북이 흩어져 있다

내 몸을 빠져나온 너의 흔적이

아직도 꿈틀거리고 있는데

새벽부터 새가 몰려왔다

새들은 대체 어디에 둥지를 틀고 있다가

이렇게 떼로 몰려오는가

잔뜩 부은 볼 위로 햇살이 비친다

오랫동안 침대 위에 앉아 내 조그만 손을 어루만지며

사는 게 다 그런 게 아니냐고 속삭인다

나도 모르게 한동안 햇살의 품에 안겨 눈을 감았다

새의 울음소리 잦아들고

이제 어디에도 새는 보이지 않는다

머리카락을 수습하며 오랫동안 창밖을 바라본다

발자국 하나 남기지 않은 새의 흔적을

새벽부터 지저귀던 새는 다 어디로 날아갔는가

숨는 꽃

사랑은
늘상 어이없는 시작일 뿐
잠들지 못하는 날은
낮게 엎드려서 흐느끼는
알지 못할 추운 날들에 대한 두려움
기억의 언저리에
푹 퍼져서 여편네 짝 난
신물 나는 권태에 숨통이 막히고
미치게 달려드는 그리움으로
살이라는 살
뼈라는 뼈
아파서 진저리를 치는데
기다림은 이리도 끔찍한 일이냐
얼마나 오랫동안 버리고 거부당해야
온전하게 아름다운지
진정 슬픔은
숨기고 감추어야 하는 것을

폭우

한바탕

눈물바람이다

세상의 상처 있는 것들은

젖은 그림자를 만들고

방울방울마다

분노의 촉수를 달았다

용서할 일이다

바람의 허리를 잡고 흔들리다

한밤중 잠을 깨어 밖을 내다보았다

집 떠나 살고 있는 아파트 정원의 소나무

어디서 날아왔는지 바람의 억센 팔뚝에 잡혀

금방 허리가 부러질 듯 위태하다

모진 세파 헤치면서 이곳까지 흘러왔는데

태풍의 등쌀에 몹시 휘청거렸다

한순간 태풍의 허리를 껴안고 누웠다가 일어서는 폼이

마치 바람의 길을 미리 알고 있는 듯

그렇게 능숙할 수 없었다

가만히 보니 바람이 소나무의 목을 휘감으면

소나무도 바람의 허리를 잡고 함께 뒹굴다가

천연덕스럽게 누웠다 일어섰다 하기를 반복하였다

아침에 일어나 보니

창밖의 소나무 자기 자식 순한 등살 만지듯

부드러운 손으로 바람을 쓰다듬으며 싱긋이 웃고 있었다

뭉클

아버지가 농사를 지으실 때는 쌀이 남아돌아서 곤란할 때가 많았다

—아버지 쌀 그만 보내세요.
—너거들은 밥을 굶고 사나, 밥심이 최고지.

밥상 위 허연 쌀밥 한 그릇

식구들은 밥을 먹지만
자식들은 눈물을 먹었다

아버지 떠나고 이젠 고향도 떠났다

흥건한 햇살로 지은 뜨끈한 쌀밥 한 그릇
밥심이 없으니 자꾸 기운이 처진다

우리 시대의 사랑

사랑을 한다
그러나 믿지 않는다

이별을 한다
그러나 믿지 않는다

눈사람에게 묻다

불멸을 꿈꾸었지만
현실에 발목 잡힌 이상주의자

홀로 소멸을 견뎌야 하는
그 아득한 순간 뒤

당신에게 남은 구원은 무엇인가

제2부

지극한 남루

사람을 떠나서 살 수 없는 줄 알았다

사람이
사람 속에 살아야지
안팎을 경계 지어
울타리를 치는 일에 너무 익숙하다

묵정밭의 쇠비름에 기대고
반짝반짝 고라니 눈에 기대고
저 묵묵부답 바위에 기대고
저문 숲에 기대는 날들

버릴 게 없다는 것은
가진 게 없다는 역설이다

그리운 날의 일

바람이 분다
설익은 젊음에게 권한 몇 잔 술이 오르고
잠재워 두었던 하고 싶은 말 몇 마디가
매운바람으로 날아다닌다

가장 아름다운 사랑은
가장 큰 비애를 간직하고
늘 그만큼의 거리에서
싸늘하게 젖어드는 그대

닫힌 문 앞에서 시린 손을 부비며
추운 여자로 산다 해도
건반을 짚듯
그대 심중의 힘겨운 음정을
제대로 짚어보고 싶다

독하게 비운 몇 잔 술에
다시 바람으로 심히 흔들리는

젊은 날의 쓸쓸한 일

더는 어쩔 수 없이 눈물겨운

너머

한 생애가
베고 누운 돌침대같이 무겁다

밤마다 제단 위에 어린 양을 바치오니
불쌍히 여기시어 구원하소서

남몰래 지고 가는 돌의 십자가

허점투성이 품어온 슬픔 하나 있다

함부로 털고 일어나지 못하는
돌의 시간

거룩한 평생을 본다

그 강을 건너지 마오

한평생 야속한 게 이별이라 믿었다

만나는 순간부터 헤어짐의 시작이라
세상에 이별이 없다면
산다는 게 이토록 애통하고 애절할 수 없는 것

무딘 칼날이 될 수 없는
한 칸 위로를 품고 수척한 강을 건넌다

다만
흘러가는 것이 뭉클하다

결국 그것, 사랑인가

다시, 하롱베이

떠나고 싶었던 길은

늘 먼 곳으로 닿아 있다

수천의 용이 섬이 된 바다

부겐빌리아 붉은 꽃잎

속수무책 해풍에 뼈만 남은 전생을 흔들고

억만 년 전 헤어진 연인들

밤마다 뿌린 눈물 다시 바다를 이루는

부질없는 섬의 전설 달빛에 젖는다

미처 해후하지 못한 오래된 연인들

다시 돌아온 길을 따라 총총 길을 나서고

반역처럼 텅 빈 동굴 속에 웅크리어

떠나온 북쪽만을 그리워하던 사랑

점점이 뿌려진 섬으로 남아 화석이 되었다

붉은 바다 저편

끝내 우리는 손 한번 건네질 못했다

바다

아직은
널 떠나는 내 마지막 기도가
눈물겹지 않아야 한다
그림 같은 배 한 척에 식솔들의 꿈을 실어
아비가 흘린 땀방울은 쪽빛 눈물보다 짜고
어미가 올린 정한수는 손끝이 시리게 살아있다
안개 같은 시간 바다는 제 안에 있는 것
모두 삼키고 아비의 영혼을 갈매기로 날렸다
잊어버리고 싶지 않다
잊어버려야 한다
모래알처럼 흩어진 의식 사이로
팽팽하게 조여 오는 눈부신 관조
언젠가 내가 가야 할 곳
영혼을 떨면서 건조한 의지로
날개를 가질 순 없어
풀어 헤친 여행가방에서
서러운 그리움들이 계절 속으로 떠나고 있다
너를 위한 내 마지막 기도가

다시 처음이 되는 소망을 품고
아직은 계절 속에서
널 볼 수 있어야 한다

글 몸살

열기로 눈이 따갑고
목이 잠겨 목소리가 나오지 않는다

침묵이 자맥질하는
들여다보면 볼수록 깊은 우물
그 바닥을 본다

목소리를 잃어버리니
눈이 더욱 맑아지겠다

떨쳐 일어나고 싶지 않은

나는 아직
황홀한 병중이다

뒤벼리

산벼랑 붙든 칡넝쿨 더불어

마삭줄 고된 허리는

선학산 굽잇길 지키는 힘줄이던가

내 사랑도 한땐 강물이었다

물새들 수시로 수심을 재는 밤

지우지 못한 귀 시린 말씀을 베고

남강에 몸을 누인 뒤벼리 산그늘

떠나는 물이랑마다 눈물 글썽이는 별로 뜬다

소망을 향한 시

지난겨울 땅 위에 떨어진 우리의 약속
봄이 되어 새싹을 틔우듯이
다시 한 번 톡톡 솟아나 준다면

부어올라 몸살 나는 이름
꽃이 되어 터지도록
단비 한번 내리지 않는다 해도
꽃 보듯이 볼 수 있다면

말은 많아지고 목소리는 없어져
신열 앓는 가슴엔
늘 시퍼런 바다가 출렁이고
더러 약 없는 상처를 즐겨 해도
갈매기의 날개를 가질 수 있다면

그리다 만 그림 속의 계절에는
눈물 나는 기도가 해종일 축복으로 내리고
희망은 봄꽃이 되어

함께 가는 길 위의 사람들에게
축복처럼 후두둑 피어나리

스승

강의를 하고 오는 길이라며
장거리 전화를 걸어 오신다
연륜만큼 많은 이름들을 걸어놓고도
그 안에서도 자유로운 선생님
지난여름
병중이시어
축하의 말보다 염려의 말들이 앞다투어 쏟아지는
어쭙잖은 제자의 마음
말은 많아지고
목소리 같은 목소리가 귀한 날들
소음에 시달려온 귀 청결하게 깨워놓습니다

새벽 강

강 따라 난 길을 따라

그대에게 가는 길

부딪히고 깨어져 야문 강변 잔돌

말갛게 헹구어낸 푸른 그리움으로

강물 소리에 귀를 가만히 열어두고

물가에 우두커니 서 있는 물총새처럼

어둑새벽의 찬 물살로 오는

그대

상황

지금은 아무 말도 할 수 없다

먼지 많은 길섶 풀처럼

좀 모자라는 것들만

인식의 한 켠에서 닿도록 시도하고 있다

아흐, 어이없게

뿌리째 뽑혀서 헤매는

고단한 기억들은 자주 목이 메인다

제풀에 지쳐 눕기 바라는

소강상태의 느낌은

아무리 비명을 질러도 속수무책이다

질깃질깃 말을 얻지 못하는

깨어 있는 모든 것은 너무 아프다

칭다오 바다

바다는 수평선을 끌어당기며 흔들리고 있다
불혹이 정박한 항구는 해미에 젖어 있고
낯선 언어들이 밀물처럼 밀려오는
이국의 날들
따뜻하고 슬픈 광장의 눈빛 사이로
어슬렁거리는 일상들

지금은 만조

때로는 산다는 것이
개펄에 빠진 신발처럼
무겁고 거추장스럽기도 하는 것

문득 돌아본 자리
때때로 멈추어야 비로소 눈에 들어오는 것들

항로를 알 수 없는 생의 한때
칭다오 바다에 유배당하다

일침

사는 것이 모욕이다
세상의 상처들마다 눈시울이 붉다

견디기 위해 마시는 술
견디기 위해 쏟는 눈물

그리움은 늘 나를 지치게 한다
거 있지 왜, 끔찍하게 사나워지는 거

온몸 골짜기마다 스며드는 독주의 일침
무너진다

진정 견뎌야 하는 것은 세상이고 사람인 것을

산나리

누구의 붉은 마음인가

참다
참다

저 혼자 흐느끼다
불컥 쏟는 순정

먼 산 보듯

화병이다

매화를 기다리다

벼루에 먹을 갈다가
화첩을 넘긴다

고매(古梅)의 격조 높은
꽃빛 앞에서
그리움인지 슬픔인지 모를
한기가 든다

빈한함이나 구차함을
고백하지 않아도
저절로 시련에 드는

암중모색의 시기

눈처럼 흩날리는 꽃잎이라도
가슴에 품어야
야멸찬 이 겨울을 날 것만 같다

혼자의 길

혼자 가는 길은
왜 늘 지척 밖에 있는가

눈앞이 천리
지척이 천리

자꾸 절벽만 나타나는,

수척한 길

점점 얇아져
기어코 몸 안에 똬리를 트는 지척

제3부

고향 서정

고향집에 오면
어쩌자고 하나같이 다 눈물겨운 풍경뿐인지
산마루 어디쯤에선 아직도
유년의 꿈들이 반짝반짝
사금파리 조각으로 뒹굴고 있을지 몰라
삽살개조차 짖지 않는 사립문 틈새로
마당가에는 개망초 꽃만 무성하고
하얀 머릿수건을 한
장골처럼 힘이 세던 어머니
마른 들풀로 시들어
먼지 냄새가 폴폴 난다
들꽃은 무시로 피었다 지는데
세월은 무상으로 흐르지 않는 걸
마을은 밤꽃 향기에 취해
정적 속에 졸고
무슨 한이 저리 많아
뻐꾸기만 홀로 깨어
뻐꾹뻐꾹 고달피 울고 있다

겨울, 섬진강

하늘이 내려앉은 섬진강
검은 휘장의 독수리떼들
매섭게 바람을 껴안고 낮게 선회한다
강심으로 흐르는 것들
모조리 반짝이며 숨죽이고
허공을 움켜진 저 발톱과 발톱
주린 영혼이 움찔
어느 부리에 상처를 견딜 것인지
시린 강가에서 한껏 몸을 낮춘다
솔가지 사이로 터지는 바람의 비명
맨살로 비벼대고
낮달이 저만큼 지켜보는 동안
얼음보다 더 차갑게
온몸을 파고든다
버드나무는 벌써 머리를 풀었다
청보리는 더 낮게 엎드렸다

지리산 편지

누님
찔레꽃 천지사방 환하게 피었으니
맘 상하는 일 있거들랑
고향으로 오이소
귀농한 지 수년 되어가는
녹차밭 한 켠 바위 같은 내 동생

지리산 화개 골짜기에
분 삭이는 기별 이랑처럼 패여서
섬진강 은어떼 소리 다 모아
온밤을 채우고
별빛마저 비수가 되어
시리도록 꽃비 되어 흩날리는 날

그래
돌아갈 곳이 있다는 건
불빛도 눈빛처럼 껌벅대는 저 골짜기에
남몰래 찔레꽃 한 움큼 흩날리는 일이구나

부르하통하 강

연길의

소설가 리리

버드나무 우거진 부르하통하 강가에서

찍어준 사진 한 장

우는 듯 웃는 듯 묘한 표정 속에

가진 것들이 짐이 되는 여행길

가질 수 없는 것들에 손가락이 오그라들고

낡고 흐린 렌즈 속으로 기웃거리다

강물 속으로 사라지는

나는

늘 조금 늦게 발동한다

짜이찌엔, 리리

화투

마을 사내들 농번기 지난 사랑방에 모여
내기 노름에 시간 가는 줄 모른다
가용에 쓸 쥐꼬리만 한 돈이라도 없앨까봐
애가 닳은 아낙네들
너거 아부지 집에 급한 일 있다고 퍼뜩 오시라 해라
애먼 아이들을 재촉한다
어둑한 사랑방 앞에서
아부지 집에 손님 오셨어예
메아리가 된 방문은 끝내 열리지 않았다
커서 화투장에 손을 대면
손에 장을 지지겠다고 식식대던 k
잘나가던 사업을 말아먹은 게 화투 때문이라는 소문 무성하다
새벽마다 가는 동네 목욕탕
오늘의 운수나 신수점을 패로 떼는 여인
사우나 하는 지루한 시간 이겨볼 요량이거나
치매예방에 좋은 손 운동한다
잘하면 놀이 삼아 하는 치매예방이지만
잘못하면 도박으로 패가망신 극단의 경계로 간다

꽃은 아름다울수록 치명적인 독이랄까
꽃 놀음에 도끼자루 썩는 줄 모른다

늙어서 좋은 것은 호박뿐이라 전해라

내가 집이 없나 아들이 없나
딸네 집에 와서 전세 낸 듯이 방 한 칸 차지하고
삼시세끼 다박다박 밥상을 받는데
세상 젤로 염치없는 사람 돼부렸네
저승사자는 어딜 갔나 나 같은 사람 데불러 안 오고

안 되겠다, 어머니의 18번을 바꿔야겠다
한낮 라디오에서 흘러나오는 노래
〈백세 인생〉

열 자식 사람 구실 만들어놓았지만
한 부모 모시기 어렵다는 말
남의 말이 아니었구나

결국 어머니 화답
가죽 밑에 든 복이 제일이지
늙어서 좋은 것은 호박뿐이라 전해라 하신다

섬진강 재첩

강을 머리에 이고
집으로 돌아오는 저녁
길은 늘 허기져 있었다

허리를 굽혀야만 속을 보여주는 강의 내력
욱신거리는 늑골의 피로가 모래톱에 몸을 풀고 온 밤
밤새 강의 속살 더듬는 꿈을 꾼다

재첩은 모두 손가락 사이로 빠져나가고
몸 구석구석 물 그림자 머물다 가는

재첩국 사이소
재첩국 사이소,

골목마다 피어오르는 물 냄새
새벽잠을 깨우면
물결이 새겨놓은 경전에서
뽀얀 국물이 걸어 나온다

백두산을 오르다

주먹이 덜 영근 아들의 손을 잡고

백두산 정수리

천지에 서니 감격일 뿐

보아라, 아들아

신의 눈물 같은 천지의 신령함

어미가 자식을 낳아 기르듯

한민족의 발상지는 바로 이곳

천지신명을 타고 나야

백두산 해돋이를 볼 수 있다는데

가솔송 산용담 바위구절초

울컥울컥 고원의 꽃들이 피어나고

자작나무 소롯길을 따라

등이 바닥에 붙은 사스레나무의 비애를 본다

오르지 않으면 평생을 후회한다고

산 입구 이도백하의 조선족은 말했다

백두의 기운은

장엄하고 처연했으며 그렇게 깊었다

남강 유등

첩첩 등불

불빛은 강물을 경배한다

별똥별마저 축복이다

지금 장엄한 미사가 거행 중이다

구절초 꽃필 무렵

구절초 꽃필 무렵 차 맛이 깊게 든다고
도솔암 스님께서 茶를 보내시다

봄에 딴 찻잎의 푸른 기운
여름 햇볕에 익혀서
곡진하게 보시하시는구나

꽃은 피었다 지면 그만
차는 마시고 나면 그뿐이겠지만

삶의 이유는
담담 차 맛에 물드는 것처럼
좋은 인연을 맺는 것이라 하시네

숭선의 밤

개울 건너가 바로 조선
두만강 상류 숭선에 닿는다

복숭아꽃 진달래 초소 앞에 만발한데
눈이 퀭한 병사
두더지처럼 겨울을 나고 있다

두만강에서 잡아온 산천어
빙천 맥주로 객기를 달래고
인민폐 10원 금하여관에 들다

까까머리 아들 재미로 알고
헛간 짚동같이 쌓인 석탄을 삽으로 퍼와
아궁이에 불을 당긴다

낮에 본 병사의 얼굴
시커먼 석탄불에 취해 어렁어렁하고
가진 것을 나누는 것이 죄가 되는

백두산 자락 국경

변방의 밤이 깊어만 간다

군기

제대한 지 며칠 안 된 아들

샤워하고 나와서 하는 말

쏟아지는 물줄기를 보면

이상하게 잘못했던 게 항상 떠올라요

뭐 잘못한 게 많다고 그런 생각을 해

적당히 반성하고 살아야 정신건강에 좋은 거야

총알처럼 되받아치는 어미

장마

도라지밭이 젖고

살구나무가 젖고

개집이 젖고

그 집이 젖고

오랜 기억이 젖고

닿지 못할 인연마저 젖고

화폭도 젖는다

그해 봄

산동성 칭다오 빈해화원 605호
일어나자마자 물을 끓인다
집의 온기를 찻물로 데우는 일이다

괜찮아
괜찮아

밥보다 차를 더 많이 마시는 날들
주먹이 솔방울만 한 아이는
새처럼 차를 마신다

난방이 끝난 어수선한 봄날
광장 노점에서 업어 온 청동주물 주전자
엉킨 실타래 같은 수증기 물끄러미 바라보는 일
유물이 건너온 푸른 시간마저
위로가 되었다

제4부

가시

대롱대롱 매달리고 싶어

목젖으로 콱 박히고 싶어

넘길 수 없는 혓바닥

십년 묵은 체증

슬슬 달래야지

알고도 뽑지 못하는 헛바늘 같은 목구멍

그곳

여름날은 간다

칭다오 시 정부 중심
우쓰광장
하얗게 서리 내린 듯 자귀나무 피었다

소들이 젖은 풀 뜯는 산중턱
잎사귀를 살짝 퉁기면
사르르 오므라들었다가 퍼졌다가
바람에 등뼈를 펄럭이는
지리산 골짝
소몰이 목동들은 소쌀밥나무라 불렀다

그림 그리다 심란하거나
아이와 배드민턴을 치고 산책을 하거나
광장 벤치에 앉아 수굿한 나무를 바라보거나
두고 온 것의
이름을 두근두근 불러보는 날

소쌀밥나무 꽃잎 공작새 꼬리 부챗살로 퍼더니

향수병에 마른버짐 돋는 손 살며시 만져준다

그리움은
결국 또 다른 그리움으로 남는다

갈망

바람이 불면
그대 계신 곳 아득하여
날 부르는 손짓 없어도
그대 곁에 서고 싶어라

들꽃처럼 피어나는
서투른 몸짓
향기 좋은 꽃보다도
소중해지는 날들

새벽의 다짐으로
그리움의 갈증을 풀 수 있다면
매운 바람결
시린 시선의 아픔쯤이야

겨울 꽃

아직은
속불 이는 가슴에
반란하고 싶지 않아

마른 장작개비 가슴 더미에
모닥불 피운 서러운 원죄야
나목 사이 서걱이는 몸짓이라도
목숨처럼 보고 싶어

잿빛 하늘을
훔치듯 올려다보고
한숨처럼 시만 쓰는 날

해빙의 꿈은 아직 먼데
비질비질 눈물뿐인
어느 추운 날의 개화(開花)

관음에 대하여

　휴대폰 가게 족발집 알곤용접 간판광고 철물 가게 국수집 공단 로터리 사장님들 금일휴업 문패 걸고 친목계 모임 경대체대 극기 훈련 갓바위 불자회 성지순례 신춘문예 지망생 류군 열 살 아들과 강원도에서 온 부자 친정이 하동 고하동인 아지매 그 아저씨 한바탕 지리산에 들다 또박또박 산길 경전 온몸으로 읽으면서 오르는 길 안개에 사로잡힌 법계사 속계 중생들 기원 세워 범종을 친다 사바세계를 울리는 저 범종 소리 멀리 섬처럼 조금씩 솟아오르는 참회와 칡넝쿨같이 얽힌 인연과 하산 길 하계는 점점 속수무책이다

카카오스토리

희미한 웃음이 찔레꽃이다
댓글의 흔적을 따라서
기억의 집으로 들어간다

지킬 수 없는 언약이 되어버린
미처 버리고 가지 못한 유산들이
창고 속에 차곡차곡 쌓여 있다

아무리 해도 익숙해질 수 없는 이별
다정하고 따뜻한 것들은
우리가 모르는 저쪽 세상으로 건너가 버렸다

새들도 쉬려면 숲을 고른다는데
둥지 튼 그 집은 안녕하신지
찔레꽃 무덤 희미하게 사무친다

병원에서 온 전화

서울
그것도 한복판에서
공중전화에 대고
심장이 아파 죽겠다고 한다

이곳
감이 너무 멀어
중간중간 흘리고 만다
절박하고 간절한 통증에
무슨 위로여야 하는데
결코 좁혀질 수 없는 간극

순식간에 통증
내게로 전위되는
가
슴
아
프

게
나도 통증이다

나는 나

나무는 나무끼리
새는 새들끼리
강물은 강물끼리

나무도 되었다가
새도 되었다가
강물도 되었다가

나무는 나무
강물은 강물
새는 새

용정사설

해바라기와 옥수수밭 사이 오래된 길을 지나
북간도 땅 불멸의 시인을 찾아서
영원한 별 사진 속의 윤동주는 얌전하고 여리다
독립운동을 하다 후쿠오카 형무소에서
생체실험 대상으로 이름 모를 주사를 맞다가
비참히 살해되다
그의 최후는 참혹하게 기록되었고
비옷을 입은 채 아들과 함께
검은 시비 앞에서 서시를 읽는다
지극히 낭만적인 관광객들은
가슴에 별 하나 눈물 한 방울씩 담고
서둘러 사진을 찍고 떠난다
담쟁이넝쿨 역사의 부끄러움을 덮고
간도의 눈물 속으로 걸어 들어가는
용정의 우울이 숲을 이룬다

모서리論

모서리와 모서리가 부딪친다

시간은 허물어지고
추락은 기억을 허문다

제 날의 날카로움
견딘다는 것은 버틴다는 것이다
매듭처럼 꼬여진
생의 한편이 타래의 끝을 숨기고 있다

떨어져 나간 것들은
다시 은밀히 꿈을 모으고

모서리의 눈은 빛나고 있다

봄밤

바람난 바람이 어둠을 어슬렁거린다

성난 몸이 자주 숨는 마음을 껴안고

도둑고양이마냥 허기가 진다

허기만으로는 울지 말아야지

건들건들한 부리로 사정없이

쪼아대는 인식의 목을 비튼다

화들짝 눈물겨운 것들만 피어나서

문신처럼 와 박히는 것들

시린 뼈 바람에 삭는 줄이나 알 것을

무게에 대하여

살고 싶을 때 바다에 온다
내 몫인 줄 외면한 채
껄껄한 생애를 부려놓고
파도치는 엄살

엄벙덤벙 남의 장단에 춤추며
적당히 살아내기도 힘이 들고
한세상 자신 있게 덤벼드는
소금꽃 핀 얼굴에도 지치고 기가 죽는데

우리는 모두 제 크기만큼 출렁이는 것

바다에 와서
바다의 깊이로 침잠하듯
그저 바라보는 것처럼
담담히 살아갈 일인데

표 내지 않고 삭혀내는

저 무량의 속을 헤아리듯
나도 내 몫의 무게를
탱탱하게 챙겨 살고 싶어질 일이다

우는 여자 도라마나

피카소의 수많은 연인
아름다운 연적들 속에서
뚱뚱한 그대 정부를 향해
눈물과 짜증과 질투를
끊임없이 퍼부어댔던
갈대 같은 그대 사랑의 확인법

천상 여자뿐인
그대 무기는
어찌 눈물뿐인가

그대 초상 우는 여자
덧나는 애증을 극적으로 희화한
잘난 그대 정부는
그저 위대하다

취생몽사

잠들지 못하는 밤은
시를 쓰는데
술이라도 한잔하면서
흐흥, 시흥에 취하는구나

건달 하나 밤거리를 헤매고
악을 쓰듯 시를 노래하는데
너도 외로운 것이냐

저 날건달이라도 청하여
묵힌 술이라도 한잔하면서
남은 시를 마저 쓰고 싶구나

한껏 독이 올라서

해설

지극한 뭉클에 바침

고영 시인

1.

누가 뭐래도, 시는 고백적 자기표현이다. 냉철한 이성을 통과해서 실제 생활의 진리를 드러내거나 과학적 사실을 증명하는 것이 아니다. 시는 결국 언어로 풀어낸 우리의 정서생활의 일부일 뿐이다. 내 이야기를 운율에 실어 누군가에게 들려주고 싶은 '뭉클'한 첫 마음이다. 영국의 낭만파 시인 워즈워드는 모든 시는 "강력한 감정의 자발적 유출(流出)"이라고 했다. 여기서 '강력한 감정'이란 일상에서는 사소하고 미미해보였던 계기들이 시간을 통과하면서 응집, 응축되어 어떤 걷잡을 수 없는 사태로 변하게 된 것이라 볼 수 있다. 또한 '자발적 유출'은 다른 어떤 이유나 목적을 떠나 시를 쓰고 싶은 열망이 내면에서 터져 나오는 상태를 지칭한다. 그래서 시는 그 지향과는 별개로 일정 부분 고백적이며 '나'라는 지

시어를 숨기고 있을 때조차도 자기표현이 될 수밖에 없다.

황숙자 시인은 이미 '시인의 말'에서 저간의 사정을 꾸밈없이 풀어놓고 있다. "내 그림과 시의 발원/그리운 그림이 가고/사무치는 시가 남았다."는 일종의 선언은 '흘러가는 것에 뭉클'하고 삶이 '늘 이만큼만 울컥'하기를 바란다는 시인의 근황을 한 마디로 요약하고 있다. 그림의 한때가 지나가고 지금은 '사무치는 시'의 시기를 지나고 있다. 이번 시집은 표제부터가 '뭉클'이지만 유독 '극(極)'에 닿은 상태나 이를 유추할 수 있는 시어들이 작품의 키워드로써 많이 사용되고 있다. '시인의 말'의 두 어휘를 제외하더라도 '혼몽, 지극, 갈망' 등이 그렇고 '땡볕, 폭우, 몸살, 일침' 등을 넓게 보아 포함시킬 수 있다. 이로 미루어볼 때 말 그대로 이번 시집은 시인의 '지극한 감정'들이 일반 정서에서 보편적 정조(情調)로 바뀌는 사건으로서 자리매김 될 수 있을 것이다.

  가볍게 살 것
  비망록 첫머리에 적는다
  좋은 것이 없어
  그저 모든 게 시들할 뿐인
  앙금만 남은 쓸쓸함
  닫힌 방안에서
  슬픔이 수시로 간음한다
  망쳐지지 않고는 더 이상 버틸 수가 없다
  이렇게 살 수도 저렇게 죽을 수도 없을 때

서른은 된다고 했는데
자학하는 슬픔이 다시 고문을 시작하는
한 세대의 그리운 마침표
그것뿐인 행간의 사랑
쓸데없는 짐이나
인연은 만들지 말 것
시간의 흐름을 용서할 일이다
―「스물아홉 살의 방―습작」 전문

　시인의 초상(肖像)이었으면서, '습작'이나 '비망록'이라는 어휘를 통해 유추해볼 수 있듯이 오늘의 삶이 순간적으로 '뭉클'해질 수밖에 없는 이유를 시집의 첫머리에서 만나볼 수 있다. "가볍게 살 것"은 '앙금'과 수시로 간음하는 '슬픔'에 대항하여 시인이 흰 백지에 흩어놓는 공허한 바람일 뿐이다. 그러나 실상은 "망쳐지지 않고는 더 이상 버틸 수가 없다"는 극단의 자학이 펼쳐진다. 스물아홉에서 서른으로 넘어가는 과정은 이렇듯 힘겹다. 어쩌면 우리가 살고 있는 이 사회의 구조 즉 누대(累代)에 걸쳐 만들어놓은 관습과 제도가 시인의 정신에 있어 가장 혹독한 환절기(換節期)였으리라 짐작한다. 하지만 시인은 "한 세대의 그리운 마침표"를 찍었다고 선언하고 "그것뿐인 행간의 사랑"이 남았다고 위로한다. "쓸데없는 짐이나/인연은 만들지 말 것/시간의 흐름을 용서할 일이다"는 슬픈 다짐이 그래서 더 뭉클하게 다가오는 것이리라. 그러나 「달아 연가」에서 드러나듯이 "바다도 옛날 그 바다가 아니다"

라는 사실을 체험으로 깨달았을 때, 시인에게는 삶이 주는 지혜의 빛이 새어 들어오기 시작했을 것이다. 어쩌면 그것이 시작(詩作)의 맹아(萌芽)가 된 것인지도 모른다. '달아 공원' 언덕에 앉아 같은 바다, 같은 섬들을 그때처럼 그려보려 하지만, "긴 머리 소녀 청춘의 한때는/끝내 가고 말았"음을 인정하지 않을 수 없을 때 "짧은 재회의 기억이//아슴아슴 애타는 저녁노을로 젖어들어//끝내 다 그리지 못하고 붓을 놓아버리는,//사람도 옛날 그 사람이 아니다"라는 탄식이 절로 터져 나오는 것은 지극히 자연스러운 결과라 할 수 있다.

조금 이른 감은 있지만 황숙자 시인의 '발원' 중에서 "그리운 그림이 가고/사무치게 시가 남았다"라는 부분의 이유를 되짚어보고 싶었다. 시의 무엇이 시인에게 다시 '뭉클'이나 '울컥'과 같은 삶의 격정을 되살려냈는지 곰곰 생각해보는 것이 이번 시집을 읽는 또 다른 재미가 될 수 있다는 생각이다.

> 아버지가 농사를 지으실 때는 쌀이 남아돌아서 곤란할 때가 많았다
>
> ─아버지 쌀 그만 보내세요.
> ─너거들은 밥을 굶고 사나, 밥심이 최고지.
>
> 밥상 위 허연 쌀밥 한 그릇

식구들은 밥을 먹지만
자식들은 눈물을 먹었다

아버지 떠나고 이젠 고향도 떠났다

흥건한 햇살로 지은 뜨끈한 쌀밥 한 그릇
밥심이 없으니 자꾸 기운이 처진다

─「뭉클」 전문

작품에서는 간략한 에피소드로 처리되고 말았지만, '아버지→쌀→쌀밥→밥심'으로 이어지는 상상의 연쇄는 시인이 왜 이 작품의 제목을 '뭉클'로 했는지를 충분히 설명해주고 있다. 시의 정황상 시인은 이미 '식구'를 구성했다고 보이는데, 때론 사소한 대상으로부터 부재(不在)의 깊은 의미를 읽어낼 수 있다. "아버지 떠나고 이젠 고향도 떠났다"라는 직접적 표현은 시인이 자신을 지탱해주었던 한 축(築)을 잃었다는 것에 다름 아니다. 게다가 그들은 "사진 속의 얼굴처럼/조금씩 풍화되어 지워진 사람들이/아득한 어둠의 대문을 하나씩 열면서 걸어가고 있다/영원한 찰나로 빛났으면 생각했던 얼굴들"(「벚꽃」)이었는데, "아무리 해도 익숙해질 수 없는 이별/다정하고 따뜻한 것들은/우리가 모르는 저쪽 세상으로 건너가 버렸"(「카카오스토리」)기 때문이다. 시인은 다른 작품, 「고향 서정」에서는 "고향집에 오면/어쩌자고 하나같이 다 눈물겨운 풍경뿐인지/산마루 어디쯤에선 아직도/유년의 꿈들이 반짝반짝/사금파리 조각으로 뒹굴고 있을지 몰라" 하며 아파한다.

이 부재의 인식, 아무리 따져 묻고 분석에 분석을 거듭해도 떨쳐낼 수 없는 상실감이 내면에 지극한 감정의 자리를 마련한다. 그것은 어둠 속에서 잊힌 듯 자라고 있다가 "저 혼자 깨어 있는 시간/가슴에 눈물 같은 별"(「혼몽」)로 뜨기도 하고, "한바탕//눈물바람"(「폭우」)으로 세차게 쏟아지기도 한다.

2.

시를 쓰는 행위를 흔히 '무목적'이라고 한다. 실용적 이득이 없다는 뜻보다는 자기표현이라는 측면을 강조하는 말일 것이다. 하지만 오래전에 박두진 시인이 어느 대담에서 "시란 언제나 우리의 삶을 새로 출발하도록 고무하며, 그 삶의 근원으로 되돌아가게 할 것이다"라고 밝힌 바 있다. 비록 자기를 표현하려는 강렬한 열망에서 출발하지만, 결국 시는 독자(타자)를 향할 수밖에 없다. 그 또한 동정이나 연민이 아니라 공감을 통해 한 편의 시가 그(독자)의 가슴속으로 들어가 그의 이야기로 살아나게 되기를 꿈꾼다.

    자유시장 과일 트럭 한쪽 귀퉁이 한실 할매 세월을 팔고 있다
    물러터진 순한 감자 같은 얼굴

    놀믄 뭐하끼고 죽으믄 썩을 몸뚱이
    장에 나오믄 사람 귀경도 하고 용돈이나 할라고 그라제

차비 빼고 다믄 천 원이라도 남으믄 괘안타

혼자 하는 할매의 셈법

보따리 위 널린 상추에 연신 물을 뿌린다
할매 주름살처럼 시나브로 시들어가는 상추는 영 소생 기미
가 없다

깔고 앉은 손바닥만 한 그늘 한 움큼
하루해가 길다

―「땡볕」 전문

서정시의 근거는 물론 '동일성의 시학'에 있고 그 방법으로 '동화와 투사'는 이미 널리 알려진 이론이다. 하지만 앞에서 언급한 박두진 시인의 말의 본의(本意)에 다가가기에는 지나치게 사변적일 수도 있다. 공감을 이끌어내는 가장 손쉬운 방법은 동시대에 함께 살아가는 이웃들의 모습을 관찰하는 것이다. 인용 작품에서는 '자유시장' 한 귀퉁이의 '한실 할매'가 등장한다. 이 할매는 말 그대로 우리의 전 세대를 대표하는 나름의 '셈법'을 가지고 있다. 그것은 "장에 나오믄 사람 귀경도 하고 용돈이나 할라고 그라제/ 차비 빼고 다믄 천 원이라도 남으믄 괘안타"라는 것인데, "시나브로 시들어가는 상추"와 대비했을 때 할매의 삶이 건강성과 진정성을 더욱 돋보이게 한다. 이 작품은 제대한 지 얼마 되지 않은 아들

이 등장하는 「군기」와 여러 편의 여행 시편들(하롱베이, 칭다오, 부르하통하, 백두산, 용정 등)과 함께 이번 시집에서 발견하게 되는 대표적인 밝은 시라 할 수 있다. 물론 시인은 「용정사설」에서 "비옷을 입은 채 아들과 함께/검은 시비 앞에서 서시를 읽는다/지극히 낭만적인 관광객들은/가슴에 별 하나 눈물 한 방울씩 담고/서둘러 사진을 찍고 떠난다/담쟁이넝쿨 역사의 부끄러움을 덮고/간도의 눈물 속으로 걸어 들어가는/용정의 우울이 숲을 이룬다"고 탄식한다. 말 그대로 관광에 열중하는 동시대인에 대한, 아니 윤동주로 상징되는 아픈 역사에 대한 그들의 무관심을 질타한다. 하지만 여기서도 작은 변화를 볼 수 있는데, 시인이 '분노'가 아니라 '우울'을 떠올린다는 점이다. "칡넝쿨같이 얽힌 인연과 하산 길 하계는 점점 속수무책이다"(「관음에 대하여」)라며 혀를 차는 '사바세계'의 온갖 행태들을 향해 보였던 약간의 분노가 탈색되기 시작하는 것이다. 같은 심리상태라 할지라도 분노가 대상을 향하는 성질이 강한 반면, 우울이 내성(內省)의 계기가 될 수 있다는 점에서 둘은 사뭇 다르다. 물론 이러한 차이의 밑바탕에 '시/(그밖의)행위'와 같은 대립을 생각해볼 수도 있지만, 어쨌든 시인의 변화가 감지된다는 것은 분명하다.

  살고 싶을 때 바다에 온다
  내 몫인 줄 외면한 채
  껄껄한 생애를 부려놓고
  파도치는 엄살

엄벙덤벙 남의 장단에 춤추며
적당히 살아내기도 힘이 들고
한세상 자신 있게 덤벼드는
소금꽃 핀 얼굴에도 지치고 기가 죽는데

우리는 모두 제 크기만큼 출렁이는 것

바다에 와서
바다의 깊이로 침잠하듯
그저 바라보는 것처럼
담담히 살아갈 일인데

표 내지 않고 삭혀내는
저 무량의 속을 헤아리듯
나도 내 몫의 무게를
탱탱하게 챙겨 살고 싶어질 일이다

― 「무게에 대하여」 전문

 시인은 "살고 싶을 때 바다에 온다"는 직접 서술로 작품을 시작하고 있다. 그런데 이 바다는 "그림 같은 배 한 척에 식솔들의 꿈을 실어/아비가 흘린 땀방울은 쪽빛 눈물보다 짜고/어미가 올린 정한수는 손끝이 시리게 살아있다/안개 같은 시간 바다는 제 안에 있는 것/모두 삼키고 아비의 영혼을 갈매기로 날렸다/잊어버리고 싶지 않다/잊어버려야 한다"(「바다」)는 애증의 바다와 닮아 있기도 하고 완전히 다른 것처럼 보이기도 한다. 이유는 아마도 '적당히' 살아내기도 힘들고, '기'가 죽는 것도 사실이지만 "우리는 모두 제 크기만큼 출렁이는 것"이라는 시적 인식에 시인이 도달했기 때문일 것이다. 시적 명제는 대체로 시인이 인식한 세계의 본질 혹은 진리에 대한 드러냄인데, 이것은 앞에서 잠시 말한 것처럼 '삶이 주는 지혜'와 그에 대한 시인의 적극적인 해석 의지가 맞물려 빚어낸 결과라 해야 할 것이다. 시인은 다른 작품, 「병원에서 온 전화」를 통해 위로를 전할 수 없는 지리상의 간극을 넘어 "순식간에 통증/내게로 전위되는" 그 찰나의 공감을 표현해내고 있다. 바로 이러한 과정을 거쳐 시인은 바다가 "표 내지 않고 삭혀 내는" 아픔을 읽었을 것이다. 이를 통해 "나도 내 몫의 무게를/탱탱하게 챙겨 살고" 싶어진다고 당당하게 선언할 수 있게 된 것이다. 공감은 이처럼 이웃들의 삶에 대한 관찰에서도 비롯하지만 자기 정서에 대한 적극적 해석 의지와 표현 열망에서도 만들어진다.

3.

황숙자 시인의 산과 강과 바다(기억 속의 남해와 섬진강, 지리산의 변형)에서 건져 올린 시의 싹들은 지난하지만 건강하다. 건강한 정신과 육체를 갖고 있으니 도회적 형태의 생활 속에서 건져 올릴 그의 시들이 어떤 모습으로 피어나게 될지 짐작이 된다. 그림을 떠나보낸 속사연이 그랬듯이 시를 육화(肉化)하는 과정도 은밀하다 싶을 정도로 조용히 진행될 확률이 크다. 하지만 시인은 이미 "광장 노점에서 업어 온 청동주물 주전자/엉킨 실타래 같은 수증기 물끄러미 바라보는 일/유물이 건너온 푸른 시간마저/위로가 되었다"(「그해 봄」)고 밝힐 만큼 평정의 낙(樂)도 알고 있다. "삶의 이유는/담담 차 맛에 물드는 것처럼/좋은 인연을 맺는 것이라 하시"(「구절초 필 무렵」)는 도솔암 스님의 덕담도 들었으니, 시의 길이 한결 가벼워질 수도 있으리라 생각해본다.

잠들지 못하는 밤은
시를 쓰는데
술이라도 한잔하면서
흐흥, 시흥에 취하는구나

건달 하나 밤거리를 헤매고
악을 쓰듯 시를 노래하는데
너도 외로운 것이냐

저 날건달이라도 청하여
묵힌 술이라도 한잔하면서
남은 시를 마저 쓰고 싶구나

한껏 독이 올라서

―「취생몽사」 전문

하지만, 시인은 아직 그럴 때가 아니라고 판단한 듯하다. "떨쳐 일어나고 싶지 않은//나는 아직/황홀한 병중이다"(「글 몸살」)라며 '몸살'을 앓더니 앞 인용 작품에서는 아예 '날건달'이라도 청해 "묵힌 술이라도 한잔하면서/남은 시를 마저 쓰고 싶"다고 한다. 게다가 지금 "한껏 독이 올"랐다고도 한다. '독'이라고는 했지만 그것은 시인의 결기(決氣)를 상징을 통해 강조하고자 한 것일 것이다. 이제 "묵정밭의 쇠비름에 기대고/반짝반짝 고라니 눈에 기대고/저 묵묵부답 바위에 기대고/저문 숲에 기대는 날들//버릴 게 없다는 것은/가진 게 없다는 역설"(「지극한 남루」)임을 깨닫게 되었으니, 실제로는 '뭉클'하게 자기와 시대를 향한 노래를 빚어낼 것이라 믿어 의심치 않는다. 그가 가야 할 길을 그가 이미 알고 있듯이, '혼자 가는 길은 왜 늘 지척 밖에 있는'지 이미 인식하고 있듯이 앞으로 황숙자 시인이 가야 할 시작(始作)과 시작(詩作)의 길이 더 '뭉클'해지기를 기대해본다.

혼자 가는 길은
왜 늘 지척 밖에 있는가

눈앞이 천리
지척이 천리

자꾸 절벽만 나타나는,

수척한 길

점점 얇아져
기어코 몸 안에 똬리를 트는 지척

─「혼자의 길」 전문

이 도서의 국립중앙도서관 출판시도서목록(CIP)은 서지정보유통지원시스템 홈페이지
(http://seoji.nl.go.kr)와 국가자료공동목록시스템(http://www.nl.go.kr/kolisnet)에서
이용하실 수 있습니다.(CIP제어번호: CIP2016029886)

문학의전당 시인선 241
뭉클
ⓒ 황숙자

초판 1쇄 인쇄 2016년 12월 8일
초판 1쇄 발행 2016년 12월 15일
　　지은이 황숙자
　　펴낸이 고영
　책임편집 류미야
　　디자인 헤이존
　　펴낸곳 문학의전당
　출판등록 제311-2012-000043호
　　　주소 서울시 마포구 마포대로 11길 91, 3층
　　　전화 02-852-1977 팩스 02-852-1978
　전자우편 sbpoem@naver.com

　　　ISBN 979-11-5896-293-7 03810

＊이 책의 판권은 지은이와 문학의전당에 있습니다.
＊양측의 서면 동의 없는 무단 전재 및 복제를 금합니다.
＊잘못 만들어진 책은 바꿔드립니다.
＊이 시집은 2016년도 경남문화예술진흥원·경상남도·한국문화예술위원회의
　문학창작지원금을 받았습니다.